AF497311

LA HAUTE MISSION CIVILISATRICE

DE LA COLONISATION.

MÉMOIRE

présenté au Congrès de Géographie

International à LONDRES en 1895.

par

J. W. HAY.

Londres

LA HAUTE MISSION CIVILISATRICE

DE LA COLONISATION.

Mesdames et Messieurs,

La colonisation est aujourd'hui la grande question pour tous les peuples. Assis au foyer hospitalier d'une grande nation colonisatrice par excellence, nous admirons chez elle cette expansion qui fait une des merveilles du monde entier.

Nos premiers maîtres en colonisation sont surtout les Grecs portant partout sur les bords de la Méditerranée en Asie, en Italie, en France, et en Espagne les arts, les sciences, la philosophie, et le commerce; et non pas subjuguant et opprimant les pays occupés par eux, si différents en ceci aux Romains envahisseurs militaires, constructeurs stratégiques, refoulés ensuite par la décadence de l'empire et laissant bien moins de traces que les Grecs. Tels aussi mais pires les Hures qui ont occupé une grande partie de l'Europe sans rien laisser d'estimable, mais rappelés seulement par leur cruauté, leur incapabilité en fait de commerce et les immenses ruines que leur présence a accumulées, l'affreuse corruption morale et administrative de ce peuple barbare.

Comme chez les Grecs, l'expansion a répondu à différente besoins. C'est le surplus de la population cherchant ailleurs l'aisance Ce sont des fermiers, des agriculteurs, des ouvriers de toute espèce, des commerçants, des industriels. Voilà, le vrai fond solide de toute colonisation. Après viennent des explorateurs hardis, des pionniers de la science, des géographes des archéologues, des voyageurs cherchant soit la santé, les

aventures, la chasse; soit, la haute nouveauté de l'inconnu, des missionaires, souvent doublés de savants.

L'Europe a contribué son contingent à cette importante oeuvre, chaque pays selon son génie particulier et dans la mesure de ses forces.

Mesdames et Messieurs, la colonisation a, ne l'oublions jamais, une haute et importante mission - celle de la civilisation.

La civilisation . . . . . c'est à dire, des devoirs à remplir auprès des habitants des pays colonisés; voilà la vraie signification de ce mot pompeux répété par tant de bouches, et dont si peu entendent la pratique en matière de colonisation.

Ces devoirs sont moraux, scientifiques, religieux, politiques; et comprennent aussi l'hygiène.

Commençons par les devoirs moraux qui regardent nos rapports avec les habitants. Ces relations comprennent l'achat de terres, l'acquisition de propriété, l'installation du commerce; achetons donc les terres légitimement, sans frauder le vendeur, qui, quoique sauvage, saura tôt ou tard, s'il a été payé la valeur de sa possession; ne faisons aucune expropriation violente, injuste par pure convoitise. Nous savons que nous soulevons des questions délicates; car l'histoire de tant de colonies est déparée par la fraude, la violence, le pillage, l'acquisition par les armes; ... et ensuite on s'étonne s'il y a des massacres. Sachons respecter les droits d'autrui, sachons faire respecter les principes de la justice, de l'humanité, et nous serons aimés comme colons. Les mêmes idées doivent nous guider dans toute entreprise commerciale. Fonder le commerce tant qu'on le peut sur les bases reconnues dans le pays, obtenir

des traités par des procédés amicaux et non pas par la ruse,
la force. Toutefois, une convention dûment consentie doit
être respectée par les deux partis, et sa violation peut en
dernier lieu provoquer une réclamation par les armes. Mais
nous insistons surtout sur l'absence de force en ce qui concerne les questions d'achat, d'acquisition et de commerce.

Qui ne se rapelle la guerre faite à la Chine pour la force
d'importer de l'opium? Il y a des expéditions pas plus
vertueuses aujourd'hui en Afrique. Comment inculquer la morale
si nous sommes les premiers à la violer? Les devoirs moraux
embrassent ensuite nos relations avec notre personnel aborigène,
ou les aborigènes en général. Il y a de vaillants explorateurs
qui ont le culte du fusil, du pistolet, qui croient civilisateurs
ces engins de mort qu'ils prodiguent tant à la faune qu'à l'
homme, de sorte qu'il y a des animaux utiles et intéressants
menacés d'extinction, tels que l'éléphant, grâce aux Nemrouds
émérités de l'exploration, tandis que les sauvages pour toute
première impression reçoivent celle du fusil, encore une fois,
sans se hasarder sans armes, soyons toujours les derniers à les
employer; et cela lorsqu'il y a nécessité absolue. Le colon
doit toujours se rappeler qu'il est tuteur et non despote.
Pratiquer surtout les vertus civilisées, tout en vivant amicale-
ment, paisiblement avec les aborigènes et en nous accommodant
autant que possible à leurs moeurs, en tant qu'elles ne blessent
pas la haute moralité. C'est ainsi que nous serons traités en
amis et non en conquérants.

Les devoirs des colons à l'égard de la science n'ont rien
qui doivent rebuter les collaborateurs les moins instruits;
chacun peut y apporter son petit fonds d'observations pratiques.

Le fermier et l'agriculteur ont à étudier la nature du sol, le
climat, les productions naturelles et exotiques; voilà, donc des
renseignements précieux pour la géographie, la géologie et la
botanique, qu'ils feront bien de communiquer à quelque journal de
géographie, et fournir ainsi d'utiles conseils aux colons à venir.
L'ingénieur, le mineur rendront de grands services en écrivant
leurs expériences. Ainsi on connaîtra les différentes altitudes,
les gisements de minérais, houillers. L'explorateur, le géo-
graphe, même le chasseur et le touriste, en prenant soigneusement
note de ce qu'ils voient, aideront le progrès de la science et
feront connaître le pays. Il y a ici une observation importante
pour les explorateurs. Nous préférons conserver autant que
possible la nomenclature indigène des traits physiques du pays,
qui signifient quelque chose, et nous regrettons que telle
rivière, tel lac, telle montagne soit baptisée d'après celui qui
le découvre. Il se peut que tel phénomène a plusieurs noms selon
les pays d'où on le voit. Alors, il y a embarras de choix.
Toutefois, mieux vaut choisir un nom qui rend l'idée indigène
qu'un nom étranger. Si l'explorateur tient absolument à s'
immortaliser de cette façon, pourquoi ne pas ajouter son nom
après celui du pays? Si l'on construit une nouvelle ville, nous
acceptons qu'elle immortalise l'explorateur, mais nous n'admett-
ons pas qu'on change les noms de villes indigènes, et cela dans
l'intérêt de la géographie.

Nous demandons à chacun qui visite un pays nouveau une collab-
oration exacte, simple, de ce qu'il aura observé, sans trop se
préoccuper du style; car ces renseignements sont destinés pour
l'éclaircissement du public, pour l'encouragement des travail-
leurs; en un mot, pour former une armée zélée de colons sérieux,

auxquels des chiffres exactes, seront bien plus concluants qu'une
description imagée, non pas que nous dédaignons l'éloquence, mais
nous la trouvons mieux à sa place après la réussite de la science
lorsqu'il en faudra écrire l'histoire.

Nous arrivons à une chose des plus importantes; l'hygiène.
Cette question n'est pas suffisamment comprise en Europe, et les
raisons n'en sont pas flatteuses pour notre bon sens, ni même
notre moralité, car tout y est sacrifié d'un côté à la mode, le
caprice d'un particulier; de l'autre à la cupidité des capital-
istes.   Saurons nous donc l'inculquer dans des pays nouveaux?

Cette science comprend la construction, la voirie, le régime
et le costume.   En matière de construction, le climat et le sol
devront être nos guides.   Si le climat est chaud, c'est contre
la chaleur qu'il faut se garantir, si froid, contre celui-ci,
tout en combinant des habitations saines et en excluant fermement
ces exploiteurs, dont il y a trop en Europe qui bâtissent
dans des sites malsains, construisent sans égard à la durée, le
bien-être, et engendrent ainsi des maladies atroces.   En Chine,
l'année passée, l'ignorance a produit une peste épouvantable;
chez nous, la fièvre typhoïde décime toujours.   La construction
fautive, mal surveillée, en est la cause.   Chez une nouvelle
race, pourquoi récapituler nos errements?   Nous concluons donc
pour un Conseil d'architectes et d'ingénieurs pour surveiller
chaque site, toute construction, et y installer ce qu'il y a de
mieux et plus apte en fait d'hygiène.

Le régime sera nécessairement basé sur le climat, et la
tempérance en boissons vineuses ou alcooliques plus ou moins à
garder.   Ne pouvons nous pas surveiller l'importation de l'
alcool, veiller aux contrefaçons, en restreindre la consommation,

surtout dans des pays chauds, et en règlementer la vente-enfin, le traiter comme médicament? C'est un devoir qui nous est imposé par notre civilisation. Nous le savons à regret qu'il y a des colons indignes qui l'appellent à leur aide pour exterminer les indigènes, et qui le vendent frelaté faussé. Nous devons régler la vente de l'alcohol; nous n'avons pas le droit de tuer ainsi les peuples indigènes, c'est un crime!

Nous conseillerions donc un bon service médical, qui étudie les maladies du pays, éclaire à la fois les colons et les indigènes en les prémunissant contre les causes de maladies; et en cas d'épidémie sache prendre des mesures préventives. La publication de rapports adressés aux autorités de la patrie, et de recommandations pour les habitants tant indigènes que coloniaux, s'impose d'urgence, si nous tenons à la salubrité de nos possessions. En fait de costume, nous devrions nous montrer tolérants, et ne pas exiger qu'on adopte le notre qui sied mal au climat, ne convient point aux indigènes, en leur causant des maladies qu'ils ne connaissaient pas. Ce sont les missionaires surtout qui ont poussé à l'adoption du costume de l'Europe, pour de bons motifs; mais nous croyons que c'est une erreur. L'habitant des pays chauds, forcé de se vêtir à l'européenne en public, s'en affranchit dès qu'il gagne sa demeure, et sème ainsi chez les siens la phthisie qui ne parcourue point. Sachons nous élever au dessus de ces préjugés de race, et reconnaissons le sens pratique des costumes rationaux, inventés par les besoins du climat, et que peutêtre quelques modifications rendra moins rebutant pour les gens qui ont horreur de la nature en déshabille.

Nous abordons enfin la question de religion. Ici, souvent on a fait autant de bien qui de mal. C'est surtout le savoir

vivre, le tact, qui manque à quelques missionnaires.   Avons-nous
besoin de déplorer la lutte terrible en Ouganda entre deux cultes
et leurs adhérents aborigènes?   Ces procédés, n'importe de quel
côté existe le tort, ne sont point faits pour encourager les
autres de changer leur religion.   Nous soutenons que pour bien
réussir, même en religion, qu'il faut donner le spectacle d'
harmonie entre chrétiens; que toute propagande violente et
forcée, est une erreur profonde; qu'il faut d'abord amener les
aborigènes à abandonner des rites barbares, tels que les sacri-
fices humains, et arriver peu à peu à les amener à la religion
chrétienne.   Nous trouvons chez eux souvent la polygamie.   Cela
ne peut s'abolir d'un trait.   Les suites en seraient fâcheuses.
C'est une question des plus difficiles, d'autant plus qu'elle
ennoblit en quelque sorte l'esclavage chez les peuples d'Orient,
et que le culte d'Islam le reconnait.   Or, nous ne saurions
méconnaître les quelques services que l'Islam a rendu à la civilisation des nègres et des races orientales.   Si nous voyons que
le terrain n'est pas propice pour la religion chrétienne, il vaut
mieux attendre.   Il est possible que quelques peuples aient à
passer par Islam avant d'arriver au christianisme.   Il y a
une société religieuse qui a été souvent sévèrement jugée; mais
elle a brillé surtout par son tact tant au Japon, qu'en Chine, et
au Paraguay, où elle a fondé une république de peuples unis et
heureux.   Sans accorder la palme à cette société, ce qui ne
serait pas juste pour ceux qui l'ont précédée, ni pour ceux qui
l'ont suivie, soyons assez impartiaux pour applaudir à ce qu'
elle a accompli et pour reconnaître aussi les services qu'elle a
rendus à la science et à la géographie, car ses membres sont des
observateurs exacts, et souvent d'illustres savants.

Il serait aussi de grande utilité pour les missionaires,
soit qu'ils agissent par sociétés, soit qu'ils vivent en com-
munauté, soit qu'ils s'avancent seuls, d'avoir une connaissance
de la science médicale, de la botanique médicale, ce qui rehaus-
serait leur influence auprès des aborigènes, et serait indirecte-
ment un aide puissant pour les amener au christianisme.   Car
chez les races non-civilisées, les médecins prétendent guérir par
l'usage de certaines plantes, et des rites religieux.   Jugez de
l'importance, du prestige du missionaire doublé de médecin.
Il serait à désirer qu'une certaine solidarité existât entre les
missionaires de cultes chrétiens, surtout vis à vis des habitants; qu'ils condamnent toute violence faite à une autre quoique
d'un culte différent.   Sachons respecter les efforts faits par
tous ces collaborateurs d'une grande idée, qu'ils soient catho-
liques, arméniens, grecs-orthodoxes, ou protestants.   Ce grand
spectacle de l'unité chrétienne ferait plus pour la conversion
des aborigènes que n'importe quelle propagande enflammée, toute
sincère qu'elle fut, du côté de missionaires isolés d'un seul
culte.   Aussi regrettons nous de voir les missionaires s'occuper
de politique.   N'avons nous donc pas assez de nos guerres, de
nos rivalités en Europe, sans les transporter chez d'autres
peuples que nous prétendons civiliser?   Nous objectera-t-on le
culte de la patrie?   Pour sûr, le missionaire doit être bon
patriote, mais ce n'est pas être bon patriote que d'inculquer à
des sauvages le mépris ou la haine de n'importe quelle puissance
européenne, pour une cause politique ou religieuse.   Faire aimer
sa patrie par son exemple, sa bienveillance, ses vertus chréti-
ennes; voilà, la véritable propagande chrétienne et patriotique.
Laissons aux aborigènes de distinguer entre les missionaires et

leur nation; ils sauront bien qui les traite le mieux. A cet
égard nous pouvons avoir nos opinions, mais ce n'est pas à un
congrès international de géographie qu'il convient de jeter le
brandon de la discorde.

Arrivons enfin à la grosse question politique qui regarde
l'administration d'un pays. Ici, nous avons à choisir entre les
concessions faites à des Compagnies, et l'action directe de la
nation colonisatrice Les Compagnies en général, ont cela de
préférable qu'elles ont l'esprit de suite si nécessaire pour
amener à bonne fin toute entreprise d'expansion. Elles
obéissent à un mot d'ordre; elles sont puissantes par suite des
richesses dont elles disposent; elles sont indépendantes de tout
changement du gouvernement; elles sont à même de tirer profit des
ressources du pays. Aussi, les nations qui ont confié leurs
intérêts coloniaux aux Compagnies triomphent plus aisément en
matière d'expansion. L'Afrique de nos jours en est un exemple
frappant; et en ceci, la palme appartient à la Grande Bretagne.
Toutefois, les intérêts des grandes Compagnies sont basés sur le
commerce; et il y a danger qu'ils ne l'emportent sur les devoirs
moraux que nous avons indiqués plus haut. Ce danger peut-être
évité en confiant la présidence à un homme éclairé qui saura
concilier les intérêts du commerce avec les principes de l'
humanité.

Le système de gouverneurs, ou de rapports directs avec la
nation, dépend entièrement du choix du chef, de la durée de sa
résidence, de son indépendance, du zèle de ses subordonnés, et
des circonstances politiques de la nation dirigeante. Souvent
un gouverneur est à peine au courant qu'on le remplace par un

autre; son autorité est minée par des jalousies, des convoitises
particulières tant à la colonie que dans la mère patrie. Changer
de gouverneur par suite d'un revirement politique chez la nation
colonisatrice, n'est plus une direction; c'est un caprice. Nous
croyons, quels que soient les vicissitudes politiques d'un pays,
qu'il faut conserver les administrateurs coloniaux sans égard
pour leurs préférences politiques, si l'on voit que la colonie
est en bonne voie et que les intérêts de la patrie y sont sauve-
gardés. La direction personnelle de la nation colonisatrice
permet de veiller aux grands principes de l'humanité, de la
morale, plus que celle des grandes Compagnies; voilà, peutêtre
son grand mérite.

Cette question comprend celles de la jurisprudence, des
tribunaux judiciaires, des punitions, des impôts, de la colonisation pénale, et de la législation; enfin, les rapports avec les
autres nations tant politiques que commerciaux.

La jurisprudence doit etre simple, calquée sur les besoins du
pays, les coutumes d'usage, et ne pas être de nature à provoquer
les litiges. La litigation est un divertissement pour certaines
races; mais c'est la ruine; donc, n'encourageons point ces
tendances, où elles existent. La jurisprudence compliquée des
Pays d'Europe ne répond pas aux simples questions de droit dans
des pays nouveaux; il faut donc en élaborer une qui tout en
rendant justice, décourage les procès.

Le systéme judiciaire exige aussi la simplicité. Un
tribunal pénal avec appel à une Cour de Cassation, un tribunal
commercial, où se traiteront les litiges entre colons, entre
colons et aborigènes, entre étrangers et les autorités coloniales,
ou entre eux et colons ou aborigènes, en ce qui concerne le

commerce, l'industrie, la propriété, avec appel à la Cour de
Cassation, ou même à la nation colonisatrice. Voilà, nous
croyons les principes élémentaires de la composition des tribunaux.

Quant aux punitions, elles doivent avoir pour but la correc-
tion, non la rétribution; c'est à dire, établissons une pénalité
curative qui est plus civilisatrice que des peines rétributives.
Cette question se complique de théories philosophiques et
morales; mais nous ne cachons point notre préférence pour le
système de punition médicinale.

La question d'impôts est celle qui présente de grandes
difficultés. L'impôt doit etre perçu d'après un calcul exact
des ressources des contribuables; il serait bon de le rendre le
plus léger, le moins vexatoire que possible, et choisir entre les
impôts indirects ou directs, selon les usages, les ressources du
pays; choisir une époque pour la perception qui est la plus
commode pour les contribuables, accorder des délais et des
paiements partiels comme cela a lieu en France, avec faculté de
se libérer intégralement, au choix du contribuable; mais dans
tout arrangement, se baser sur les coutumes d'usage; s'ils ne
sont pas oppressifs.

La colonisation pénale est le salut de la patrie, et le seul
remède des criminels. Nous savons bien que des colonies se sont
élevées contre l'importation de criminels, et lorsqu'elles sont
civilisées, elles peuvent avoir raison. Mais dans la nouvelle
Calédonie, dans la Guiane française, et en Afrique, il y a des
travaux d'assainissement, de déblayage des marais, de traçement
de routes qui exigent la main d'oeuvre pénale, avec faculté
toutefois après expiation de leur peine de s'établir comme colons.

Les peuples tant de l'antiquité que des temps modernes en ont
fait usage et avec profit.   Ce n'est pas cruel d'éloigner de
compagnons dangereux des hommes faibles, ni de guérir des
criminels endurcis par la grande loi obligatoire du travail.
Nous avons le droit de faire expier un méfait, qu'il soit entaché
ou non de sang; et nous avons le devoir de punir, en utilisant
les bras forts de nos malfaiteurs, en les forçant de coopérer au
bienêtre de pays éloignés en les assainissant.   S'ils résistent
au climat, et nous ne devons pas leur épargner les préservatifs
que nous possédons, pourquoi ne deviendraient-ils pas d'utiles
colons?   Ce système pénal nous l'appliquerions à tout criminel,
qu'il fut assassin ou anarchiste; et nous arriverions à l'
abolition de la peine de mort, si noblement condamnée et flétrie
par l'illustre Victor Hugo.   Il y a une grande partie de l'
Australie inconnue.   Resterait-elle ainsi peu développée, si
l'on avait continué les travaux pénitentiaires?   Quel profit la
Russie tirerait-elle de la Sibérie, si elle n'employait pas la
colonisation et la main d'œuvre pénales?   Nous objectera-t-on
les criminels politiques en Sibérie?   Un abus ne prouve rien.
L'Europe, en général, n'a point de criminels politiques; nous
parlons en vue de criminels ordinaires, et la façon dont nous
pouvons les utiliser, tout en leur procurant les moyens dese
réhabiliter et de devenir dans leurs descendants un élément de
force pour la ~~ptrie~~ patrie.

La composition hiérarchique et législative d'une colonie
dépend du génie des aborigènes.   S'ils sont intelligents,
dociles, il est possible de les préparer pour prendre part à
l'administration, et d'organiser peu à peu un système représenta-
tif, car dans ce cas, on aura des collaborateurs intéressés au

maintien du régime établi.   Nous croyons que dans de bonnes
conditions, tout gouvernement colonial doit tendre dans la
direction de représentation populaire; car si cette concession
est arrachée par les sujets, les rapports entre les autorités et
les gouvernés en souffriront.   Il y a cependant des cas où le
système personel est préférable, où les idées modernes ne péné-
trent que lentement; mais nous croyons toutefois que toute administration coloniale doit avoir pour but définitif la partici-
pation des races sujettes aux affaires de leur pays.   Le soin du
gouvernement colonisateur doit être surtout la limitation de
fonctionnaires étrangers au pays, la formation peu à peu d'un
corps de fonctionnaires tirés des colonies.   On leur confiera
d'abord les positions subalternes, ensuite on leur donnera celles
qui comportent plus de responsabilité.   Tout ceci est un ouvrage
de tentatives, de tâtonnement, mais nous croyons qu'avec patience
on peut y parvenir.   Nous posons comme principe général le
minimum de fonctionnaires tirés du dehors.   Quant aux détails de
chambres législatives, nous croyons que lorsque le moment propice
sera venu d'en doter la colonie, qu'elles doivent comprendre tous
les intérêts de la colonie, sous la présidence du gouverneur, qui
signera les lois.   Toutefois nous admettrions un appel à la
législation du pays colonisateur.   Qu'il y ait une seule Chambre
ou deux, sous le gouverneur et un Conseil; la façon d'organiser
le suffrage – ce sont des questions qui dépendent absolument de
l'état de la colonie; et il nous serait difficile de dresser une
constitution qui pût être acceptée par toutes les colonies.

Les rapports que les autorités coloniales doivent avoir avec
les étrangers, et les colonies voisines appartenant à d'autres
pays, viennent maintenant nous préoccuper.

Faut-il ou non admettre la libre échange, doit-on permettre l'immigration étrangère, doit on conclure des traités avec les voisins?

En fait de commerce, il est évident que la libre échange peut être appliquée à quelque produits, mais non pas à d'autres. Les circonstances locales doivent nous guider à cet égard. Nous sommes d'avis que le pays colonisateur doit s'assurer d'un service regulier tant pour les besoins militaires que commerciaux de ses colonies par voie de mer. C'est Cromwell qui le premier appliqua ce principe, dont les colonies anglaises ne tardèrent pas à profiter. Il serait à souhaiter que tout pays colonisateur le prit en ceci pour modèle.

L'immigration étrangère peut être un bien, mais elle ne saurait prendre de grandes proportions, autrement on sera exposé à des questions de race des plus embarrassantes, et la colonie peut nous échapper et faire partie de celles d'une puissance étrangère. Restons amis avec les étrangers, quels qu'ils soient, mais ne leur accordons pas trop de facilités pour s'implanter dans nos colonies.

Il est toujours politique d'avoir de bons rapports avec ses voisins. Les traités tant commerciaux que politiques avec eux dépendront de circonstances locales, de l'état du pays colonisateur et ses rapports avec ses voisins. Toutefois nous désirons voir des relations amicales autant que possible entre états voisins; car en matière de colonisation, nous sommes tous les pionniers d'idées modernes et de la civilisation.

Mesdames et Messieurs, nous avons traité un sujet, dont le développement exigerait peut-être un livre. Nous avons tâché d'être impartiaux. Nos conseils s'adressent à tous sans distinction.

Si la Grande Bretagne a le mieux réussi en expansion, la
France, l'Espagne et le Portugal ont réussi en s'assimilant les
peuples chez lesquels elles se sont établies, et la Hollande nous
donne l'exemple de la persévérance.   L'Allemagne et l'Italie
entrent aujourd'hui en scène; et nous leur souhaitons aussi du
succès, sans toutefois oublier que comme Membre d'une Société
française, nous ne saurions nous désintéresser des efforts faits
en colonisation par la grande nation.

Il ne nous reste qu'à désirer pour tous la réussite dans
leurs différentes colonies et l'harmonie entre les grands
pionniers de la civilisation moderne.

J. W. Hay.